10 CHRISTMAS SOLOS VOL 2.

CONTENTS

Deck the Halls

Old Welsh Air
arr. B. C. Dockery

Deck the Halls

God Rest Ye Merry Gentlemen

Traditional
arr. B. C. Dockery

Good King Wenceslas

Allegro (M.M. ♩ = c. 120)

Traditional
arr. B. C. Dockery

I Heard the Bells on Christmas Day

Jean Baptiste Calkin
arr. B. C. Dockery

I Saw Three Ships

Traditional English
arr. B. C. Dockery

I Saw Three Ships

O Come, O Come, Emmanuel

Plainsong
arr. B. C. Dockery

O Come, O Come, Emmanuel

O Little Town of Bethlehem

Lewis H. Redner
arr. B. C. Dockery

Still, Still, Still

Traditiona Austrian Carol
arr. B. C. Dockery

The Twelve Days of Christmas

Traditional English Carol
arr. B. C. Dockery

2

We Wish You A Merry Christmas

Traditional English Carol
arr. B. C. Dockery

Made in United States
North Haven, CT
21 October 2024

59217192R00015